VENTE
Des Vendredi 27 et Samedi 28 Mars 1868

BELLES
MINIATURES

ÉMAUX PEINTS
TABATIÈRES, ÉVENTAILS

APPARTENANT A

M. MANNHEIM PÈRE

QUATRIÈME VENTE

EXPOSITION PUBLIQUE

LE JEUDI 26 MARS 1868

Me BOUSSATON | **M. Charles MANNHEIM**
COMMISSAIRE-PRISEUR | EXPERT

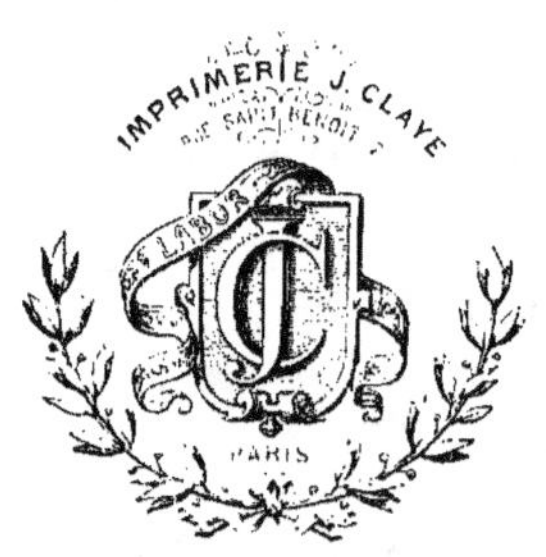
IMPRIMERIE J. CLAYE
RUE SAINT-BENOIT
PARIS

CATALOGUE

DE BELLES

MINIATURES

ET

ÉMAUX PEINTS

DES ÉPOQUES LOUIS XIV, LOUIS XV ET LOUIS XVI

TABATIÈRES ET BONBONNIÈRES

ORNÉES DE MINIATURES

BOITES EN PORCELAINE ET ÉMAIL DE SAXE

ÉTUIS ET ÉVENTAILS EN VERNIS DE MARTIN

Beaux Éventails Louis XV et Louis XVI

APPARTENANT A

M. MANNHEIM PÈRE

ET DONT LA VENTE AURA LIEU

HOTEL DROUOT, SALLE Nº 7

Les Vendredi 27 et Samedi 28 Mars 1868

A DEUX HEURES

PAR LE MINISTÈRE DE **Mᵉ BOUSSATON**, COMMISSAIRE-PRISEUR

7, RUE LE PELETIER

ASSISTÉ DE **M. CHARLES MANNHEIM**, EXPERT

7, rue Saint-Georges,

Chez lesquels se trouve le présent Catalogue.

EXPOSITION PUBLIQUE

LE JEUDI 26 MARS 1868, DE 1 A 5 HEURES

CONDITIONS DE LA VENTE

Elle sera faite au comptant.

Les adjudicataires payeront cinq pour cent en sus des enchères, applicables aux frais.

DÉSIGNATION DES OBJETS

MINIATURES

1-11. — Suite intéressante de onze miniatures gouachées sur vélin représentant des scènes tirées de la Genèse, et portant l'explication en français et en or sur fond noir de chacun des sujets. Les encadrements finement dessinés sont tous variés. Cadres à moulures en bois doré. Époque Louis XIV. Ce lot pourra être divisé.

Hauteur, 56 cent.; Largeur, 43 cent.

12. — Deux jolies miniatures sur vélin signées Brentel, 1628, composées chacune d'un grand nombre de personnages et figurent l'Age d'airain et l'Age d'argent. Cadres à moulures guillochées en bois noir.

Haut., 14 cent.; Larg., 22 cent.

13. — Deux grandes miniatures carrées sur vélin représentant deux épisodes de l'attaque de Vienne par les Turcs.

Haut., 22 cent.; Larg., 30 cent.

14. — Deux jolies miniatures sur vélin représentant des paysages avec figures; au premier plan de l'une d'elles se trouve un groupe de cavaliers chassant le lion et le tigre.

Haut., 9 cent.; Larg., 12 cent.

15. — Miniature ronde peinte en grisaille et sur ivoire, par
Sauvage. Amour debout sur un satyre accroupi.

Diam., 8 cent.

16. — Miniature ronde pouvant faire pendant à celle qui
précède. Adolescent debout tenant un flambeau.

Diam., 8 cent.

17. — Grande miniature carrée sur vélin dans la manière de
Charlier. Vénus couchée et l'Amour.

18. — Miniature ovale sur ivoire. Amour offrant des fleurs
à Vénus assise.

19. — Miniature ronde sur ivoire. La Tireuse de cartes, dans
la manière de Greuze.

20. — Miniature ronde sur ivoire dans la manière anglaise.
Groupe de deux figures dans un parc.

21. — Miniature ronde sur ivoire. Jeune fille assise et vêtue
de blanc.

22. — Miniature de forme carré long sur ivoire. Groupe de
deux figures vues à mi-corps. Époque Louis XV.

23. — Miniature ovale sur ivoire. Portrait de femme tenant
une corbeille de fleurs. Époque Louis XVI.

24. — Miniature de forme carré long sur vélin dans la manière de Klingstett. Groupe de deux figures en costumes à la Watteau.

25. — Miniature ronde sur ivoire. Groupe de trois figures.
Époque Louis XVI.

26. — Miniature de forme carré long. Portrait de femme en
costume du temps de Louis XV.

7. — Miniature ovale sur vélin. Portrait de femme en corsage bleu et portant le manteau d'hermine. Époque
Louis XV.

28. — Petite miniature ovale sur ivoire. Portrait de femme
en corsage blanc orné d'une rose. Époque Louis XVI.

29. — Miniature ovale sur ivoire. Portrait de femme; elle a
les cheveux retenus par un ruban blanc. Époque
Louis XVI.

30. — Miniature ovale sur ivoire. Portrait de femme vue de
face, sur un fond de paysage.

31. — Miniature de forme carré long attribuée à Klingstett.
Capucin et Nonne.

32. — Grande et belle miniature du temps de Louis XVI sur
ivoire. Portrait de jeune femme debout, dans un
parc.

33. — Miniature ovale sur vélin. Confession d'une jeune
fille à un capucin.

34. — Jolie miniature ovale sur ivoire, attribuée à Siccardi.
Portrait de jeune femme, les cheveux poudrés. Cadre
en bronze doré.

35. — Miniature ronde sur ivoire. Portrait de femme, vue
de face, corsage blanc, garni d'un bouquet de fleurs.
Dans un étui.

36. — Miniature de forme carré long sur ivoire. Portrait du
grand Frédéric. Dans un étui.

37. — Jolie miniature ovale du temps de Louis XVI. Jeune
femme faisant de la tapisserie.

38. — Miniature ovale sur ivoire. Jeune femme, vue de trois
quarts, le sein découvert, les cheveux retenus par un
ruban bleu.

39. — Miniature ovale sur ivoire, par Isabey. Portrait de
femme.

40. — Jolie miniature ovale sur ivoire, attribuée à Frago-
nard. Portrait de femme en costume rouge et col-
lerette blanche. Collection Laperlier.

41. — Miniature ronde sur ivoire, *signée* Dux. Portrait de
la princesse Caroline Murat.

42. — Miniature ovale sur ivoire. Jeune femme en costume
Louis XVI, la main appuyée sur un livre.

43. — Miniature ovale sur ivoire. Portrait de femme, en
costume Louis XVI ; son corsage est garni d'un
bouquet de roses.

44. — Grande miniature ovale sur vélin. Portrait de femme,
signé Roche, l'an XII.

45. — Miniature ovale sur ivoire. Portrait du duc de Penthièvre.

46. — Miniature ovale sur ivoire. Portrait du duc de Mont-
pensier, portant l'uniforme de capitaine d'artillerie ;
elle est *signée* Louise Bellin, 1841.

47. — Deux jolis dessins, par Le Barbier l'aîné, 1769. Sujet
de bacchanale, et Offrande à Vénus.

48. — Deux jolis dessins gouachés, par A. Borel. Scènes de
cabaret et de dispute par des gardes françaises.

49. — Grand et beau dessin gouaché, par le même. Scène
d'incendie.

50. — Grande miniature gouachée représentant la mort de
Socrate et portant la date de 1682.

51. — Deux miniatures gouachées sur vélin du temps de
Louis XVI, représentant des sujets mythologiques.
Cadres en bois sculpté et doré.

52. — Petit tableau sur cuivre. Portrait de jeune fille tenant
une corbeille de fleurs.

53. — Autre petit tableau sur bois. Bacchus et Cérès debout.

54. — Miniature ovale sur vélin. La Vierge, l'enfant Jésus
et deux Anges. Époque Louis XIV.

55. — Miniature sur vélin. Sainte Madeleine.

56. — Miniature carrée sur vélin. Saint personnage en con-
templation.

57. — Miniature de forme carré long sur vélin. Diane dé-
couvrant la grossesse de Calisto.

58. — Miniature de forme carré long en hauteur sur vélin.
La Crèche.

59. — Miniature sur vélin à l'encre de Chine et rehaussée.
Sainte Christine.

60. — Beau dessin à l'encre de Chine sur vélin. Portrait de
JOAN. JACOBO. LÉONI, etc., etc., portant la date
de 1742.

61. — Miniature ovale sur ivoire. Portrait de jeune femme
coiffée d'une écharpe noire.

62. — Miniature ovale sur ivoire. La Vierge et l'Enfant
Jésus entourés de chérubins.

63. — Miniature carrée sur vélin. Portrait de femme en costume Louis XV.

64. — Deux dessins à l'encre de Chine du temps de Louis XIV. Cavaliers en riches costumes de tournoi.

65. — Miniature ronde sur vélin gouachée. Groupe de six figures dans un paysage. Époque Louis XVI.

66. — Miniature de forme carré long sur ivoire. Portrait d'homme. Époque Louis XVI.

67. — Jolie miniature ronde sur ivoire, par Mlle Glaesner. Groupe de trois figures d'enfants.

68. — Miniature ronde sur ivoire du temps de Louis XVI. Jeune fille tenant un flageolet.

69. — Miniature de forme carré long sur vélin. Portrait d'une des filles de Louis XV.

70. — Miniature ronde sur ivoire du temps de Louis XVI. Portrait de femme, la tête garnie d'une couronne de roses et d'une plume blanche.

71. — Miniature ovale sur ivoire. Portrait de femme vue à mi-corps, le sein découvert.

72. — Miniature carrée sur ivoire *signée* MOLITOR. La Consultation; groupe de quatre figures.

73. — Miniature ovale sur ivoire. L'Éducation de l'Amour.

74. — Miniature ronde du temps de Louis XVI. Jeune fille montée sur une chèvre que conduit un jeune garçon.

75. — Miniature ovale sur ivoire. Portrait de la grande Catherine de Russie, vue de profil.

76. — Belle miniature ovale sur ivoire. Portrait de général du temps de la Restauration.

77. — Miniature ovale sur ivoire, par Mansion, 1808. Portrait d'homme vu de face.

78. — Miniature ovale sur ivoire. Portrait d'homme d'après Van Dyck.

79. — Médaillon rond. Portrait d'homme en costume du temps de Henri IV; dessin à la mine de plomb.

80. — Miniature ovale sur ivoire du temps de Louis XVI. Portrait de femme; ses cheveux sont retenus par un rang de perles.

81. — Belle miniature carrée sur vélin. Portrait d'homme en riche costume du XVIe siècle, noir et or, et coiffé d'une toque garnie de perles et d'une plume blanche.

82. — Miniature à l'huile sur cuivre. Portrait du maréchal de Fabert.

83. — Miniature à l'huile de forme ovale. Portrait d'homme en costume du temps de la République.

84. — Deux portraits de femme, peints à l'huile, sur cuivre, en costumes du XVIe siècle.

85. — Deux autres portraits de femme, sur cuivre, l'une d'elles avec large col blanc et collier de corail.

86. — Deux portraits, sur cuivre, du temps de Louis XIV. Homme portant une cravate rouge et un rabat blanc, et Femme portant un collier de perles.

87. — Cinq portraits d'homme à l'huile, sur cuivre.

88. — Deux portraits de femme à l'huile et sur cuivre, en costumes du temps de Louis XIV.

89. — Deux miniatures à l'huile, sur cuivre. Portraits de femme en riches costumes du xvie siècle. Cadres en bronze doré.

90. — Miniature carrée sur vélin. Buste de Vierge, d'après Sasso Ferrato.

91. — Miniature ronde dans la manière de de Gault. Offrande à l'Amour. Cadre en bronze doré.

92. — Jolie miniature ovale sur ivoire. Portrait de l'impératrice Joséphine peint à l'imitation d'un camée, par Parant. Monture en or et perles fines.

93. — Deux médaillons ovales en vernis de Martin, représentant des fêtes champêtres dans le style des maîtres flamands.

94. — Portrait au crayon de MATTHAÜS MERIANUS, portant la signature de JACOB WIRE et la date de 1744.

95. — Miniature sur ivoire. Femme nue couchée, surprise par un moine.

96. — Miniature ronde sur ivoire. Portrait de Marie-Thérèse d'Autriche.

97. — Joli fixé, par Taunay. Groupe de villageoises des environs de Rome.

98. — Autre fixé de forme ronde, par Demarne. Sujet champêtre.

99. — Autre fixé de forme ronde. Amazone au galop.

100. — Deux fixés ronds. Paysages en camaïeu brun.

101. — Deux médaillons ovales en or, renfermant chacun un portrait d'homme du temps de Louis XV.

102. — Miniature carrée sur vélin. Sainte Madeleine en prière.

103. — Miniature carrée sur ivoire. Portrait d'homme. Dans un cadre en or, à filets d'émail bleu.

104. — Miniature ovale sur ivoire, *signée* ISABEY. Portrait de Mme de Sauzat.

105 à 108. — Vingt-cinq miniatures diverses, qui seront vendues par lots.

109. — Douze très-petites miniatures en grisaille, provenant de tabatières.

110 à 113. — Huit miniatures diverses sur vélin. Ce lot sera divisé.

114. — Médaillon ovale peint sur porcelaine. Portrait de Henri IV.

BOITES ORNÉES DE MINIATURES

115. — Boîte ronde en écaille, galonnée d'or; le dessus est orné d'une belle miniature ronde sur ivoire, *signée* MATHIS, représentant le portrait de la duchesse de Penthièvre, vue à mi-corps. Elle tient un livre de la main gauche. Époque Louis XVI.

116. — Bonbonnière ronde ornée de miniatures en grisaille sur ivoire, dans la manière de De Gault, et montée en or.

117. — Autre bonbonnière ronde en écaille blonde galonnée d'or. Le dessus est orné d'une miniature en grisaille sur ivoire, et le fond représente une Victoire ailée conduisant un bige, peinte à l'imitation d'un camée et *signée* H. V. DE MONTESQUIOU.

118. — Boîte ronde en écaille garnie en or; le dessus est orné d'un portrait de jeune fille peint en miniature sur ivoire. Époque Louis XVI.

119. — Boîte carrée en écaille doublée en doublé d'or sur argent. Le dessus est orné du portrait de l'empereur Napoléon Ier, peint sur émail, et *signé* DUVAL.

120. — Bonbonnière ronde décorée sur toutes ses faces de miniatures en grisaille représentant des sujets mythologiques et des ornements en couleurs. Ces peintures sont couvertes par des feuilles d'écaille blonde transparente. Époque Louis XVI.

121. — Boîte ronde en écaille; le dessus est orné d'une miniature représentant l'enlèvement d'Europe.

122. — Bonbonnière ronde en écaille blonde garnie en or. Le dessus est orné d'une miniature sur ivoire *signée* LE BRUN, représentant un portrait de femme.

123. — Boîte ronde en écaille; le dessus est orné d'une plaque en vernis de Martin, représentant Mars et Vénus.

124. — Boîte ronde en racine de buis garnie d'une gorge en
or; le dessus est garni d'une miniature ronde sur
ivoire représentant une religieuse.

125. — Petite boîte ronde en écaille avec gorge en or. Sur
le couvercle, portrait d'homme peint en miniature
sur ivoire, *signé* LAGRÉNÉE.

126. — Grande boîte ronde en racine de buis; le dessus
orné d'un fixé représentant le château de Pau et
signé L. PERRIN.

127. — Boîte ronde en vernis de Martin, ornée d'un portrait
de femme peint en miniature.

BOITES EN PORCELAINE DE SAXE

128. — Boîte carrée en ancienne porcelaine de Saxe, décorée de figures dans des paysages et encadrements
gaufrés en relief doré. Intérieur doré et gorge à
charnière en argent doré.

129. — Grande boîte à deux tabacs en ancienne porcelaine
de Saxe, décorée de fleurs et garnie d'une lor-
gnette.

130. — Belle boîte carrée à angles arrondis en ancienne porcelaine de Saxe, décorée au pourtour de fleurs sur
fond rosé, et dont le fond ainsi que les deux faces
du couvercle sont ornés de sujets de personnages
très-finement peints. Gorge à charnière en argent
doré.

131. — Belle boîte ovale en ancienne porcelaine de Saxe, décorée de sujets dans le style de Boucher. Monture en argent.

132. — Grande boîte carrée à deux tabacs en ancienne porcelaine de Saxe, fond bleu à rosaces et médaillons de personnages dans le style de Watteau.

133. — Boîte carrée en ancienne porcelaine de Saxe, décorée de sujets militaires; belle qualité. Gorge à charnière en cuivre.

134. — Boîte carrée en ancienne porcelaine de Saxe, décorée de sujets dans le style de Watteau. Le couvercle offre à l'intérieur un portrait de femme.

135. — Boîte de forme contournée en émail de Saxe, décorée de sujets dans le style de Watteau, montée en cuivre doré.

136. — Boîte carrée en émail de Saxe, décorée de fleurs et d'ornements; l'intérieur du couvercle présente un portrait de femme. Monture en cuivre doré.

ÉVENTAILS

137. — Très-bel éventail dont la monture en ivoire est enrichie d'incrustations d'or et de nacre de perle; la feuille, peinte en grisaille et attribuée à Teniers, représente une réunion de personnages dans un paysage; au revers elle offre une Scène de patineurs.

138. — Éventail Louis XV, dont la monture en nacre de perle gravée est rehaussée de couleurs et d'or. La feuille représente le Jugement de Pâris.

139. — Autre éventail Louis XV; monture en nacre de perle; la feuille finement peinte représente l'Enlèvement d'Hélène.

140. — Éventail Louis XV; monture en nacre de perle rehaussée d'or; feuille peinte représentant le Triomphe de Vénus.

141. — Éventail en ivoire sculpté, à figures et ornements; la feuille offre un sujet tiré de l'histoire romaine. Époque Louis XV.

142. — Éventail Louis XVI, en nacre de perle, à ornements dorés; la feuille représente Diane et ses compagnes.

143. — Éventail Louis XV en nacre de perle rehaussée d'or; la feuille représente un sujet champêtre.

144. — Bel éventail en vernis de Martin, représentant un sujet tiré de l'histoire romaine, et au revers trois perroquets sur fond d'or.

145. — Autre éventail en vernis de Martin, représentant le Jugement de Pâris.

146. — Éventail en vernis de Martin, offrant sur un de ses côtés un sujet allégorique au mariage, et de l'autre un paysage.

147. — Autre bel éventail en vernis de Martin; il offre le sujet de la Mort de Darius d'après Lebrun, et au revers un sujet champêtre dans le style de Watteau.

148. — Bel éventail en vernis de Martin ; il offre sur un de ses côtés le sujet de la Clémence d'Alexandre d'après Lebrun, et sur l'autre une vue maritime.

149. — Éventail en ivoire et en écaille posés et cloutés d'argent ; feuille peinte représentant un paysage avec figures dans le style des maîtres flamands.

150-151. — Cinq éventails divers qui seront vendus par lots.

152-161. — Environ cinquante étuis en vernis de Martin, de diverses formes et de décors variés, qui seront vendus par lots.

ÉMAUX PEINTS

162. — Grande plaque ovale légèrement convexe. Portrait de femme peint sur émail. Époque Louis XV.

163. — Deux plaques d'émail du temps de Louis XIII, dont une ovale et l'autre de forme octogone.

164. — Plaque d'or émaillé de forme ovale, représentant le Christ en croix entre les saintes femmes. Époque Louis XIV.

165. — Plaque d'or émaillé de même forme, représentant la Résurrection. Époque Louis XIV.

166. — Plaque ovale d'or émaillé ; le Père éternel bénissant. Même époque.

167. — Deux plaques d'or émaillé du temps de Louis XIV ;
l'une représente le Saint-Esprit et l'autre un calice
surmonté d'une sainte hostie.

168. — Jolie peinture sur émail et sur or, du temps de
Louis XIV. Portrait de femme.

169. — Autre peinture sur émail et sur or, du temps de
Louis XIV. Portrait d'homme portant une perruque
blonde à rallonges.

170. — Médaillon ovale émaillé sur or, représentant le portrait d'un infant d'Espagne portant le cordon de
l'ordre de la Toison d'or. Époque Louis XIV.

171. — Médaillon ovale peint sur émail et attribué à PETI-
TOT. Portrait du roi Louis XIV. Dans un char-
mant petit cadre du temps de Louis XVI, en bronze
ciselé et doré au mat, surmonté d'une couronne
de roses et d'attributs divers.

172. — Grand médaillon ovale peint sur émail. Buste de
Diane. XVIIᵉ siècle. Cadre en cuivre doré.

173. — Médaillon ovale peint sur émail. Jeune femme en
costume Louis XVI, offrant un sacrifice sur l'autel
de l'hyménée. Cadre en bronze doré au mat.

174. — Plaque ovale émaillée sur cuivre. Peinture en
camaïeu rouge. Sacrifice à Diane. Époque
Louis XV.

175. — Émail sur or de forme ovale, représentant Saint
Georges terrassant le dragon.

176. — Émail sur or de forme ovale allongée, représentant la Mort du général Wolff.

177. — Deux belles peintures sur émail de forme ovale, représentant des jeux d'Amours dans des encadrements à rinceaux en camaïeu brun, sur fond rose.
Époque Louis XV.

178. — Belle peinture sur émail de forme ovale. Portrait de
jeune femme en costume bleu. La plaque porte au
revers la signature C.-F. ZINCKE, *fecit*.

179. — Peinture sur émail de forme ovale. Groupe de trois
figures; au premier plan, Vénus et l'Amour.

180. — Deux belles plaques d'or émaillé provenant d'une
garniture de montre et représentant sur leurs deux
faces des sujets tirés de l'histoire romaine. Époque
Louis XIV.

181. — Médaillon ovale peint sur émail et représentant un
portrait de femme en costume Louis XVI.

182. — Peinture sur émail de forme ovale. Groupe de deux
Amours.

183. — Plaque d'or émaillé représentant ia Vierge et l'enfant Jésus. Elle est signée P.-A. OTT. Travail de
Genève.

184. — Autre peinture sur émail et sur or. Paysage avec
figures. Travail de Genève.

185. — Sept peintures sur émail de forme ovale, représentant
des figures d'apôtre, la Vierge et l'enfant Jésus,
en grisaille.

186. — Peinture sur émail et sur or représentant un portrait
de femme en costume Louis XV.

187. — Peinture sur émail de forme ovale. Portrait de jeune femme en costume Louis XVI, pendants d'oreilles et collier de perles.

188. — Médaillon ovale peint sur émail. Portrait de l'Empereur Napoléon Ier.

189. — Médaillon ovale peint sur émail et sur or. Portrait de jeune homme portant l'armure et la perruque à rallonges.

190. — Trois portraits d'hommes peints sur émail, l'un d'eux en grisaille sur fond bleu, et l'autre en couleurs sur fond rose.

191. — Deux peintures sur émail. Jeune fille et chiens, et groupe de figures près d'une fontaine.

192. — Deux peintures sur émail de forme légèrement cintrée représentant des groupes d'Amours.

193. — Peinture sur émail de forme ovale, représentant un groupe de deux figures costumées à l'orientale.

194. — Peinture sur émail de forme ovale; grisaille rehaussée de vert. Amour endormi surpris par un autre Amour.

195. — Peinture sur émail de forme ovale. Trophée de musique.

196. — Peinture sur émail du temps de Louis XV. Groupe de deux figures faisant de la musique.

197. — Peinture sur émail de forme ovale. Suzanne et les Vieillards.

198. — Peinture sur émail et sur or de forme ovale. Vestale debout. Époque Louis XIII.

199. — Belle peinture sur émail du temps de Louis XVI.
Vénus, Adonis et les Amours.

200. — Peinture sur émail de forme ovale. Figure de Diane
dans un paysage.

201. — Peinture sur émail de forme ovale. Groupe de deux
figures; Offrande à Vénus.

202. — Peinture sur émail de forme ovale. Sacrifice sur
l'autel de l'hyménée.

203. — Peinture sur émail de forme ovale. Amour offrant
un sacrifice à Diane.

204. — Peinture sur émail de forme ovale en largeur. Réunion de personnages en costumes du xvi⁰ siècle.
Travail moderne.

205. — Peinture sur émail de forme ovale. Scène tirée de
l'histoire de Paul et Virginie.

206. — Peinture en grisaille sur fond rouge. Groupe de trois
figures.

207. — Médaillon ovale en largeur. Amours à la chasse.
Peinture en camaïeu rose.

208. — Peinture sur émail et sur or. Mars et Vénus.
Époque Louis XIII.

209. — Médaillon ovale, peint en grisaille. représentant les
Arts libéraux.

210. — Peinture de forme ovale sur émail, représentant une
scène d'intérieur.

211. — Jolie peinture sur émail de forme ovale en largeur.
Paysage avec figures dans le style des maîtres flamands.

212. — Peinture sur émail, d'après Wouwermans. La Pro-
menade. Travail moderne.

PARIS. — J. CLAYE, IMPRIMEUR, 7, RUE SAINT-BENOIT. [351]